Lustige Lyrik

Fünfzig komische Gedichte

Ausgewählt von
Harry Fröhlich

Philipp Reclam jun. Stuttgart

Umschlaggestaltung: Finken & Bumiller, Stuttgart
Satz und Druck: Reclam, Ditzingen
Buchbinderische Verarbeitung: Kösel, Krugzell
Printed in Germany 2010

ISBN 978-3-15-010790-4

www.reclam.de

Johann Klaj

Der kekke Lachengekk koaxet / krekkt /
und quakkt /
Des Krippels Krükkenstokk krokkt / grakkelt /
humpt und zakkt /
Des Gukkuks Gukken trotzt dem Frosch und
auch die Krükke.
Was knikkt und knakkt noch mehr? kurtz hier
mein Reimgeflikke.

Anonym

[Aus: Neukirchs Anthologie.]

Allegorisch Sonnet

Amanda liebstes kind / du brustlatz kalter hertzen /
Der liebe feuerzeug / goldschachtel edler zier /
Der seuffzer blasebalg / des traurens lösch-papier /
Sandbüchse meiner pein / und baumöhl meiner
schmertzen /
Du speise meiner lust / du flamme meiner kertzen /
Nachtstülchen meiner ruh / der Poesie clystier /
Des mundes alicant / der augen lust-revier /
Der complimenten sitz / du meisterin zu schertzen /
Der tugend quodlibet / calender meiner zeit /
Du andachts-fackelchen / du quell der fröligkeit /

Du tieffer abgrund du voll tausend guter morgen /
Der zungen honigseim / des hertzens marcipan /
Und wie man sonsten dich mein kind
beschreiben kan.
Lichtputze meiner noth / und flederwisch der sorgen.

Barthold Heinrich Brockes

Hüben sich die Augen-Lieder
Durch die Muskeln selbst nicht auf,
Sondern sünken immer wieder,
(Ach man achte doch darauf!)
Wie erbärmlich würd' es lassen,
Wenn man sie mit Händen fassen,
Und erst aufwärts schieben müßt'!
Merks, verstockter Atheist!

Der Zahn

Um grössre Schmerzen zu vermeiden,
Entschloß ich mich, daß mir ein Zahn,
Der mir bishero weh gethan,
Würd' ausgebrochen, zu erleiden.

Weil aber die Natur bey starken Gliedern
(So ich dem Schöpfer nie durch Dank kann
gnug erwiedern)

Auch starke Zähne mir verliehen;
So schien es erst, als ob, ihn auszuziehen
Der kluge *Carpser* selbst, der an Geschicklichkeit
Kaum seinesgleichen kennt, sich etwas scheut'; allein,
Weil ich darauf bestund, war er dazu bereit.

Ich nahm mir vor, die strenge Pein,
Ohn' alles Zucken, sonder Schreyn
Beherzt und standhaft auszustehen.
Er setzte drauf den Pelican,
Den ich vorhero wohl besehen,
Mit Kraft und Vorsicht an.
Wir hielten uns im Anfang beyde gut:
Er brach; ich hielte fest, noch fester doch der Zahn.
Er knackt', ich wiche nicht. Doch endlich war mein Muth
Noch eher, als der Zahn, gebrochen.
Es riß ein gräßliches Gekrach,
Wodurch des ganzen Hauptes Knochen
Zu spalten schien, ein kurz doch kläglich Ach
Mir aus der Brust. Die feurig wilde Pein,
Der bittre Schmerz, durchdrang so Fleisch als Bein,
Dieß splittert, jenes riß, jedoch, zu meinem Leide,
Kein einzigs ganz entzwey;
Der Sehnen Zähigkeit band sie noch alle beyde.

Den meist gelösten Zahn ergriff der Arzt aufs neu',
Und ich vor Unmuth Muth. Erwählt aus zweyen Bösen
Das kleinest', und fing an, das Zahn-Fleisch abzulösen.
Ob ich nun gleich die scharfen Schmerzen fühlte,
Wie er mir dazumal in frischer Wunde wühlte,

Wie er das Fleisch zerschnitt, so wirkete jedoch
Der noch weit größre Schmerz, den, wie es
so gekracht,
Der Bruch mir kurz vorher gemacht,
Zusammt der Furcht, es würd' annoch
Dergleichen gräßliches Geknirsch von neuen kommen,
Daß ich die Pein des Schnitts, wie herbe sie auch war,
Doch nicht so gar
Empfindlich aufgenommen.

Allein,
Mit welcher Lust nahm ich, bey aller Pein,
Den Ursprung meiner Qual, den nunmehr losen Zahn
Aus *Carpsers* blutgen Händen an!
Kaum konnte mir, ihn hin und her zu kehren,
Die Zacken anzusehn, ein kalter Schauer wehren,
Der plötzlich mich befiel. Ich leget' ihn denn nieder.

Jtzt aber nehm' ich ihn aufs neue wieder,
Beschaue seine Kron' und messe
Derselben Breit' und Festigkeit,
Beseh' der Wurzeln Stärk und Grösse,
Betrachte die Beschaffenheit
Wie er im Fleisch gesteckt,
Und werde nun so gar
Dadurch, weil etwas Fleisch daran geblieben war,
Wie eine Haut annoch den ganzen Knochen deckt,
Erstaunt gewahr, woraus ganz klar erscheinet,
Auf welche Weise Fleisch und Knochen sich vereinet.

Es zeiget mir der Rest
Von einer Sehn', auf welche Weise

An dieser zarten Haut so Fleisch als Sehne fest;
Doch geht sie nur so weit, als im Gehäuse
Der Zahn vorher gesteckt. Dieß stellt mir nun von neuen
Ein weises Wunder dar; es scheint absonderlich
So künstlich zugericht, damit die Haut nicht sich
Verschöb' und nicht verletzet würd' im Käuen.

Noch mehr, es kann in der Natur
An freyer Luft ein Knochen nicht bestehen:
Daher wir denn, o Wunder! sehen,
Wie eine künstliche besondere Glasur,
Die ihn so zieret als ihm nützet,
Den Zahn von aussen deckt und schützet.

Daß aus des Kiefers fester Lade
Man Zähne hebet sonder Schade,
Und daß die Wunden, ohn Verweilen
Und fernre Schmerzen, wieder heilen;
Ist auch ein grosses Glück.

Je mehr ich nun auf unsre Zähne merke,
Je mehr find' ich in ihnen Wunder-Werke.

Daß unsre vordre Zähn' im Munde
Die dünnsten, scharf und schneidend seyn:
Das hat vermuthlich dieß zum Grunde,
Und giebt es selbst der Augenschein:
Damit die Speisen desto besser,
Ja gleichsam als mit einem Messer,
Dadurch geschnitten werden können.

Bewundernd seh' ich auch die andern Spitzen,
Die nahe bey den ersten sitzen,
Und die wir Hunde Zähne nennen.
Durch diese wird, was zäh', ereilet,
Zerdrückt, zermalmt, zertheilet.

Ist dieses noch nicht Weisheit gnug;
So laßt uns auch die Backen-Zähn',
Und ihre sondre Form besehn!

Daß wir bequemlich und mit Fug
Das Essen
Zermalmen können, reiben, pressen;
Sind diese nicht nur platt und breit,
Nein zu besondrer Nutzbarkeit,
Mit kleinen Tiefen und mit Höhn
Recht wunderbar versehn.

Wenn nur allein die scharf- und spitzen Zähne hinden,
Die breiten vorn, im Munde stünden;
Wie mühsam würd' alsdann uns allen
Das itzt so leichte Käuen fallen!

Bewundre doch, o Mensch, dieß Wunder! stell' es dir
Dem Schöpfer, ders gemacht, zum Ruhme, doch öfters für!
Bey jedem Bissen freu dich seiner Güte,
Und weil er ja für das, was er bescheret,
Nichts als ein fröhlichs Herz begehret,
So opfer' ihm ein dankbares Gemüthe!

Ludwig Heinrich Christoph Hölty

Der Bund

Dem Kußgelispel ähnlich, wenn Freunde sich
Umarmen, rausche, Harfe! Du Lindenbaum,
  Geuß dein Geflüster in die Saiten
    Hainings! Er glühet im Wonnetaumel.

Mein Gottschalk nennt mich Bruder! Der Name tönt
Mir süßre Lispel, als mir das Lüftchen tönt,
  Das durch die jungen Maien säuselt,
    Wo sich mein Mädchen des Lenzen freuet.

Weg, Liederharfe! – – Teuthard und Minnehold,
Das Herz im Auge, taumeln mir an die Brust,
  Und unsre deutschen Liederseelen
    Strömen in Gluten. – Was weilst du, Raimund,

Im Mondglanzschatten? – Reiß dich, o Bardenhold,
Aus Raimunds Armen! Flügle dich, schnellen Flugs,
  An meinen Busen! – Ah, du strömest
    Mir in die bebenden, offnen Arme!

Verlaßt mich, Freunde, daß mir die trunkne Brust
Im kühlern Taumel brenne! – – Mein Bardenhold
  Entheb mein Spiel dem Eichensprößling,
    Daß ich mein Herz in die Saiten singe!

Noch Einen Rundkuß, Freunde, bevor mein Schwur
Den Bund versiegelt, welchen die Tugend knüpft;
  Noch Einen Handschlag vor den Augen
    Gottes, der unsichtbar um uns wandelt!

Durch alle Sterne hallt er! Eloa blickt
Aus seiner Wolke nieder, und segnet uns;
  Die Geister unsrer Väter schweben
    Lichthell und lispelnd um unsre Saiten.

Seid Zeugen, Engel! – – Haining beschwört
                                        den Bund! –
Der Mond blinkt heller, goldner und goldner malt
  Sich jede Wolke, die melodisch
    In das Gewirbel der Harfe murmelt.

Seid Zeugen, Geister! – – Haining beschwört
                                        den Bund! –
Mein Spiel verstumme flugs, mein Gedächtnis sei
  Ein Brandmal, und mein Name Schande:
    Falls ich die Freunde nicht ewig liebe!

Kein blaues Auge weine die Blumen naß,
Die meinen Totenhügel beduften; falls
  Ich Lieder töne, welche Deutschland
    Schänden und Laster und Wollust hauchen!

Der Enkel stampfe zornig auf meine Gruft,
Wann meine Lieder Gift in das weiche Herz
  Des Mädchens träufeln, und verfluche
    Meine zerstäubende kalte Asche! – –

Die Geister flüstern lauter – – die Linde haucht
Mir tiefre Schauer – Schleuß mich in deinen Arm,
  O Gottschalk, daß die Seelenschauer
    Sich in Entzückung der Freude wandeln!

Gottfried August Bürger

Männerkeuschheit

Wer nie in schnöder Wollust Schoß
Die Fülle der Gesundheit goß,
Dem steht ein stolzes Wort wohl an,
Das Heldenwort: Ich bin ein Mann!

Denn er gedeiht und sproßt empor,
Wie auf der Wies' ein schlankes Rohr;
Und lebt und webt, der Gottheit voll,
An Kraft und Schönheit ein Apoll.

Die Götterkraft, die ihn durchfleußt,
Beflügelt seinen Feuergeist,
Und treibt, aus kalter Dämmerung,
Gen Himmel seinen Adlerschwung.

Dort taucht er sich in's Sonnenmeer,
Und Klarheit strömet um ihn her.
Dann wandelt sein erhellter Sinn
Durch alle Schöpfung Gottes hin.

Und er durchspäht, und wägt, und mißt,
Was schön, was groß und herrlich ist,
Und stellt es dar in Red' und Sang,
Voll Harmonie, wie Himmelsklang.

O schaut, wie er voll Majestät,
Ein Gott, daher auf Erden geht!
Er geht und steht in Herrlichkeit,
Und fleht um nichts; denn er gebeut.

Sein Auge funkelt dunkelhell,
Wie ein kristallner Schattenquell.
Sein Antlitz strahlt, wie Morgenrot;
Auf Nas' und Stirn herrscht Machtgebot.

Das Machtgebot, das d'rauf regiert,
Wird hui! Durch seinen Arm vollführt.
Denn der schnellt aus, wie Federstahl;
Sein Schwerthieb ist ein Wetterstrahl.

Das Roß fühlt seines Schenkels Macht,
Der nimmer wanket, nimmer kracht.
Er zwängt das Roß, vom Zwang' entwöhnt,
Er zwängt das Roß, und horch! es stöhnt.

Er geht und steht in Herrlichkeit,
Und fleht um nichts; denn er gebeut:
Und dennoch schaut, wo er sich zeigt,
O schaut, wie ihm sich alles neigt!

Die edelsten der Jungfrau'n blühn,
Sie blühn und duften nur für ihn.
O Glückliche, die er erkiest!
O Selige, die sein genießt!

Die Fülle seines Lebens glänzt,
Wie Wein, von Rosen rund umkränzt.
Sein glücklich Weib, an seiner Brust,
Berauscht sich d'raus zu Lieb' und Lust.

Frohlockend blickt sie rund umher.
»Wo sind der Männer mehr, wie Er?«

Fleuch, Zärtling, fleuch! Sie spottet dein.
Nur Er nimmt Bett' und Busen ein.

Sie steht und fodert auf umher:
»Wo ist, wo ist ein Mann, wie Er?«
Sie, ihm allein getreu und hold,
Erkauft kein Fürst mit Ehr' und Gold.

Wie, wann der Lenz die Erd' umfäht,
Und sie mit Blumen schwanger geht:
So segnet Gott durch ihn sein Weib,
Und Blumen trägt ihr edler Leib.

Die alle blüh'n, wie Sie und Er,
Sie blüh'n und duften um ihn her,
Und wachsen auf, ein Zedernwald,
Voll Vaterkraft und Wohlgestalt.

So glänzt der Lohn, den der genießt,
So das Geschlecht, das dem entsprießt,
Der nie in schnöder Wollust Schoß
Die Fülle der Gesundheit goß.

Friedrich Schiller

Kastraten und Männer

Ich bin ein Mann! – wer ist es mehr?
  Wers sagen kann, der springe
Frei unter Gottes Sonn einher
  Und hüpfe hoch und singe!

Zu Gottes schönem Ebenbild
  Kann ich den *Stempel* zeigen,
Zum Born, woraus der Himmel quillt,
  Darf ich hinunter steigen.

Und wohl mir, daß ichs darf und kann!
  Gehts Mädchen mir vorüber,
Rufts laut in mir: Du bist ein Mann!
  Und küsse sie so lieber.

Und röter wird das Mädchen dann,
  Und 's Mieder wird ihr enge –
Das Mädchen weiß, ich bin ein Mann,
  Drum wird ihr 's Mieder enge.

Wie wird sie erst um Gnade schrein,
  Ertapp ich sie im Bade?
Ich bin ein Mann, das fällt ihr ein,
  Wie schrie sie sonst um Gnade?

Ich bin ein Mann, mit diesem Wort,
  Begegn' ich ihr alleine,
Jag ich des Kaisers Tochter fort,
  So lumpicht ich erscheine.

Und dieses goldne Wörtchen macht
  Mir manche Fürstin holde,
Mich ruft sie – habt indessen Wacht,
  Ihr Buben dort im Golde!

Ich bin ein Mann, das könnt ihr schon
  An meiner Leier riechen,
Sie donnert wie im Sturm davon,
  Sonst würde sie ja kriechen.

Zum Feuergeist im Rückenmark
  Sagt meine Mannheit: Bruder;
Und herrschen beide löwenstark
  Umarmend an dem Ruder.

Aus eben diesem Schöpferfluß,
  Woraus wir Menschen sprudeln,
Quillt Götterkraft und Genius,
  Nur leere Pfeifen dudeln.

Tyrannen haßt mein *Talisman*
  Und schmettert sie zu Boden,
Und kann ers nicht, führt er die Bahn
  Freiwillig zu den Toten.

Pompejen hat mein Talisman
  Bei Pharsalus bezwungen,
Roms Wollüstlinge Mann für Mann
  Auf *teutschen* Sand gerungen.

Saht ihr den Römer stolz und kraus
  In Afrika dort sitzen?

Sein Aug speit Feuerflammen aus
Als säht ihr Hekla blitzen.

Da kommt ein Bube wohlgemut,
Gibt manches zu verstehen –
»Sprich, du hättst auf Karthagos Schutt
Den Marius gesehen!« –

So spricht der stolze Römersmann,
Der Bub tät fürbaß eilen;
Das dankt der stolze Römersmann,
Das dankt er seinen *Pfeilen!*

Drauf täten seine Enkel sich
Ihr Erbteil gar abdrehen,
Und huben jedermänniglich
Anmutig an zu krähen. –

O Pfui und Pfui und wieder Pfui
Den Elenden! – sie haben
Verlüderlicht in *einem* Hui
Des Himmels beste Gaben,

Dem lieben Herrgott sündiglich
Sein Konterfei verhunzet
Und in die Menschheit schweiniglich
Von diesem Nu gegrunzet,

Und schlendern elend durch die Welt,
Wie Kürbisse von Buben
Zu Menschenköpfen ausgehöhlt,
Die Schädel leere Stuben!

Wie Wein, von einem Chemikus
Durch die Retort' getrieben:
Zum Teufel ist der Spiritus,
Das Phlegma ist geblieben.

Und fliehen jedes Weibsgesicht,
Und zittern, es zu sehen, –
Und dörften sie – und können nicht!
Da möchten sie vergehen! –

Und wenn das blonde Seidenhaar,
Und wenn die Kugelwaden,
Wenn lüstern Mund und Augenpaar
Zum Lustgenusse laden,

Und zehenmal das Halstuch fällt,
Und aus den losen Schlingen,
Halbkugeln einer bessern Welt,
Die vollen Brüste springen, –

Führt gar der höllsche Schadenfroh
Sie hin, wo Nymphen baden,
Daß ihre Herzen lichterloh
Von diebschen Flammen braten,

Wo ihrem Blick der Spiegelfluß
Elysium entziffert,
Arkana, die kein Genius
Dem Aug je bloß geliefert,

Und *Ja!* die tollen Wünsche schrein,
Und *Nein!* die Sinne brummen –

O Tantal! stell dein Murren ein!
Du bist noch gut durchkommen! –

Kein kühler Tropfen in den Brand!
Das heiß ich auch beteufeln!
Gefühl ist ihnen Kontreband,
Sonst müssen sie verzweifeln!

Drum fliehn sie jeden Ehrenmann,
Sein Glück wird sie betrüben –
Wer keinen Menschen machen kann,
Der kann auch keinen lieben.

Drum tret ich frei und stolz einher
Und brüste mich und singe:
Ich bin ein Mann! – Wer ist es mehr?
Der hüpfe hoch und springe.

Anonym

Die Mordwirthin

(Mündlich.)

Es waren drei Soldaten-Söhn,
Sie haben Lust im Krieg zu gehn,
Wohl ins Soldaten Leben.
Sie bleiben aus eine kleine Weil,
Sie machen sich Geld und Brod dabei,
Auch Ungrische Dukaten.

Sie haben sich ganz kurz bedacht,
Und haben sich wieder nach Haus gemacht,
Frau Wirthin sprang entgegen:
»Frau Wirthin hat sie die Gewalt,
Ein'n Reiter über Nacht aus zu behalten,
Dazu und auch gastiren?«

Warum werd ich die Gewalt nicht hab'n,
Einen Reiter über Nacht zu behalten,
Dazu und auch gastiren?
Der Reiter sezt sich oben an den Tisch,
Sie mag mir auftragen was sie will,
Ich kanns ja wohl bezahlen.

Sie trägt ihm auf gebackne Fisch,
Und einen Schweinebraten,
Und als es war, als da man schlief:
Ach Mann ich kann nicht schlafen!
Sie macht das Pfännchen mit Fette heiß,
Und schütt's dem Reiter in Hals hinein.

Kriegt ihn an seiner schneeweissen Hand
Und schleift ihn in Keller in kühlen Sand:
Da kannst du liegen
Bis morgen Mittag verschwiegen;
Des Morgens als sein Kammerad kam:
Wo ist der Reiter?

»Der Reiter und der ist weiter,
Der Reiter der kann weiter sein.«
Er kann in eurem Hause sein.

Hat sie dem Reiter was Leids gethan,
So hat sie's ihrem lieben Sohn gethan,
Der aus dem Krieg ist kommen.

* * *

Sie hat sich in den Brunnen gesprengt,
Er hat sich in die Scheuer gehängt,
Müssen an einem Tag drei sterben.

Johann Wolfgang Goethe

Die wandelnde Glocke

Es war ein Kind, das wollte nie
Zur Kirche sich bequemen,
Und Sonntags fand es stets ein Wie,
Den Weg ins Feld zu nehmen.

Die Mutter sprach: »Die Glocke tönt,
Und so ist dir's befohlen,
Und hast du dich nicht hingewöhnt,
Sie kommt und wird dich holen.«

Das Kind, es denkt: die Glocke hängt
Da droben auf dem Stuhle.
Schon hat's den Weg ins Feld gelenkt,
Als lief' es aus der Schule.

Die Glocke, Glocke tönt nicht mehr,
Die Mutter hat gefackelt.
Doch welch ein Schrecken! Hinterher
Die Glocke kommt gewackelt.

Sie wackelt schnell, man glaubt es kaum;
Das arme Kind im Schrecken,
Es läuft, es kommt als wie im Traum;
Die Glocke wird es decken.

Doch nimmt es richtig seinen Husch,
Und mit gewandter Schnelle
Eilt es durch Anger, Feld und Busch
Zur Kirche, zur Kapelle.

Und jeden Sonn- und Feiertag
Gedenkt es an den Schaden,
Läßt durch den ersten Glockenschlag
Nicht in Person sich laden.

August Von Platen

[Ghasel.]

Wann einst der Fisch vom Bade springt,
Wann ewig die Kaskade springt,
Wann einst die Gemse, wie der Stern,
Dieselben hohen Pfade springt,
Wann auf des Äthers reiner Flur
Die singende Zikade springt,

Wann öffnend ihren treuen Schatz,
Des Sarges morsche Lade springt:
»Wo ist der Busen«, ruf' ich dann,
»Aus dem die Milch der Gnade springt?«

Heinrich Heine

Das Fräulein stand am Meere
Und seufzte lang und bang,
Es rührte sie so sehre
Der Sonnenuntergang.

Mein Fräulein! sein Sie munter,
Das ist ein altes Stück;
Hier vorne geht sie unter
Und kehrt von hinten zurück.

Kleines Volk

In einem Pißpott kam er geschwommen,
Hochzeitlich geputzt, hinab den Rhein.
Und als er nach Rotterdam gekommen,
Da sprach er: »Juffräuken, willst du mich frein?

Ich führe dich, geliebte Schöne,
Nach meinem Schloß, ins Brautgemach;
Die Wände sind eitel Hobelspäne,
Aus Häckerling besteht das Dach.

Da ist es so puppenniedlich und nette,
Da lebst du wie eine Königin!
Die Schale der Walnuß ist unser Bette,
Von Spinnweb sind die Laken drin.

Ameiseneier, gebraten in Butter,
Essen wir täglich, auch Würmchengemüs,
Und später erb ich von meiner Frau Mutter
Drei Nonnenfürzchen, die schmecken so süß.

Ich habe Speck, ich habe Schwarten,
Ich habe Fingerhüte voll Wein,
Auch wächst eine Rübe in meinem Garten,
Du wirst wahrhaftig glücklich sein!«

Das war ein Locken und ein Werben!
Wohl seufzte die Braut: ach Gott! ach Gott!
Sie war wehmütig, wie zum Sterben –
Doch endlich stieg sie hinab in den Pott.

*

Sind Christenleute oder Mäuse
Die Helden des Lieds? Ich weiß es nicht mehr.
Im Beverland hört ich die schnurrige Weise,
Es sind nun dreißig Jahre her.

Anonym

Fürchterliche Ballade

In drei Abteilungen und mit aufgehängter Moral

1

Der Saal erglänzt im hellsten Kerzenstrahle,
und lust'ger Sang ertönt aus jeder Kahle.

Und Tänzer fliegen auf der Freude Schwingen;
doch *ein* Herz klopft voll Kummer und voll Bingen.

Es ist das Herz des Fräuleins Leonore,
das Fräulein mit dem rabenschwarzen Lockenhoore.

Lenoren sah man mit dem Ritter Kunzen
schon etliche Galopps zusammen tunzen.

Das sah auch Ritter Veit, und Eifersucht
ward gleich in seiner stolzen Brust entfucht.

Zu Kunzen geht er hin und sagt ihm grimmig:
»Gleich gehst du mit mir, oder Gott verdimm mich!«

2

Der Garten glänzt im hellsten Mondenstrahle,
und aus den Zweigen tönt das Lied der Philomale.

Der Ritter Veit zieht seine Klinge nackicht
und steht voll Mordbegier im dunklen Dackicht.

Der Ritter Kunz naht jetzt und spricht: »Was soll ich?«
Da sagt sein Feind: »Dein Schwert zieh oder deinen
Dollich!«

Da sagt ihm Ritter Kunz: »Du willst mir trumpfen?
Ich spotte dein! Auf, laß uns blutig kumpfen!«

Schon fechten sie in wildentbrannten Trotzen,
daß durch die Nacht die scharfen Schwerter blotzen.

Und ehe fünf Minuten noch verstrichen,
da lagen beide jämmerlich durchstichen.

3

Kaum hörte man im Saal Geklirr der Klingen,
so deckte Leichenblässe alle Wingen.

Schnell stürzet alles nach der dunklen Grotte
und sieht bald, was sich da ereignet hotte.

Lenore ruft: »Weh mir, ich komm' zu späte!
Sie liegen beide tot in ihrem Bläte!«

So ruft die Jungfrau, tugendreich und edel,
und nimmt aus ihren Haaren eine spitze Nedel,

blickt in den Mond mit Schauder und mit Grausen
und stößt die Nadel tief in ihren Bausen.

Und alles sieht mit Angst und mit Entsetzen
der Jungfrau rotes Blut hochaufwärts spretzen.

Schon sinkt sie hin, die so viel Anmut hatte,
und auf zwei Leichen lieget jetzt die dratte.

Moral:
Aus wilder Eifersucht entstehet immer
Not, Drangsal, Trübsal, Pein und großer Jimmer.

Wilhelm Busch

[Aus: Balduin Bählamm, der verhinderte Dichter.]

Wie wohl ist dem, der dann und wann
Sich etwas Schönes dichten kann!

Der Mensch, durchtrieben und gescheit,
Bemerkte schon seit alter Zeit,
Daß ihm hienieden allerlei
Verdrießlich und zuwider sei.
Die Freude flieht auf allen Wegen;
Der Ärger kommt uns gern entgegen.
Gar mancher schleicht betrübt umher;
Sein Knopfloch ist so öd und leer.
Für manchen hat ein Mädchen Reiz,
Nur bleibt die Liebe seinerseits.
Doch gibt's noch mehr Verdrießlichkeiten.
Zum Beispiel läßt sich nicht bestreiten:
Die Sorge, wie man Nahrung findet,
Ist häufig nicht so unbegründet.
Kommt einer dann und fragt: Wie geht's?
Steht man gewöhnlich oder stets

Gewissermaßen peinlich da,
Indem man spricht: Nun, so lala!
Und nur der Heuchler lacht vergnüglich
Und gibt zur Antwort: Ei, vorzüglich!
Im Durchschnitt ist man kummervoll
Und weiß nicht, was man machen soll. –

Nicht so der Dichter. Kaum mißfällt
Ihm diese altgebackne Welt,
So knetet er aus weicher Kleie
Für sich privatim eine neue
Und zieht als freier Musensohn
In die Poetendimension,
Die fünfte, da die vierte jetzt
Von Geistern ohnehin besetzt.
Hier ist es luftig, duftig, schön,
Hier hat er nichts mehr auszustehn,
Hier aus dem mütterlichen Busen
Der ewig wohlgenährten Musen
Rinnt ihm der Stoff beständig neu
In seine saubre Molkerei.
Gleichwie die brave Bauernmutter.
Tagtäglich macht sie frische Butter.
Des Abends spät, des Morgens frühe
Zupft sie am Hinterleib der Kühe
Mit kunstgeübten Handgelenken
Und trägt, was kommt, zu kühlen Schränken,
Wo bald ihr Finger, leicht gekrümmt,
Den fetten Rahm, der oben schwimmt,
Beiseite schöpft und so in Masse
Vereint im hohen Butterfasse.

Jetzt mit durchlöchertem Pistille
Bedrängt sie die geschmeid'ge Fülle.
Es kullert, bullert, quitscht und quatscht,
Wird auf und nieder durchgematscht,
Bis das geplagte Element
Vor Angst in Dick und Dünn sich trennt.
Dies ist der Augenblick der Wonne.
Sie hebt das Dicke aus der Tonne,
Legt's in die Mulde, flach von Holz,
Durchknetet es und drückt und rollt's,
Und sieh, in frohen Händen hält se
Die wohlgeratne Butterwälze.

So auch der Dichter. – Stillbeglückt
Hat er sich was zurechtgedrückt
Und fühlt sich nun in jeder Richtung
Befriedigt durch die eigne Dichtung.
Doch guter Menschen Hauptbestreben
Ist, andern auch was abzugeben.
Der Dichter, dem sein Fabrikat
So viel Genuß bereitet hat,
Er sehnt sich sehr, er kann nicht ruhn,
Auch andern damit wohlzutun;
Und muß er sich auch recht bemühn,
Er sucht sich wen und findet ihn;
Und sträubt sich der vor solchen Freuden,
Er kann sein Glück mal nicht vermeiden.
Am Mittelknopfe seiner Weste
Hält ihn der Dichter dringend feste,
Führt ihn beiseit zum guten Zwecke
In eine lauschig stille Ecke,

Und schon erfolgt der Griff, der rasche,
Links in die warme Busentasche,
Und rauschend öffnen sich die Spalten
Des Manuskripts, die viel enthalten.
Die Lippe sprüht, das Auge leuchtet,
Des Lauschers Bart wird angefeuchtet,
Denn nah und warm, wie sanftes Flöten,
Ertönt die Stimme des Poeten. –
Vortrefflich! ruft des Dichters Freund;
Dasselbe, was der Dichter meint;
Und, was er sicher weiß, zu glauben,
Darf sich doch jeder wohl erlauben.

Wie schön, wenn dann, was er erdacht,
Empfunden und zurechtgemacht,
Wenn seines Geistes Kunstprodukt,
Im Morgenblättchen abgedruckt,
Vom treuen Kolporteur geleitet,
Sich durch die ganze Stadt verbreitet.
Das Wasser kocht. – In jedem Hause,
Hervor aus stiller Schlummerklause,
Eilt neugestärkt und neugereinigt,
Froh grüßend, weil aufs neu vereinigt,
Hausvater, Mutter, Jüngling, Mädchen
Zum Frühkaffee mit frischen Brötchen.
Sie alle bitten nach der Reihe
Das Morgenblatt sich aus, das neue,
Und jeder stutzt und jeder spricht:
Was für ein reizendes Gedicht!
Durch die Lorgnetten, durch die Brillen,
Durch weit geöffnete Pupillen,

Erst in den Kopf, dann in das Herz,
Dann kreuz und quer und niederwärts
Fließt's und durchweicht das ganze Wesen
Von allen denen, die es lesen.
Nun lebt in Leib und Seel der Leute,
Umschlossen vom Bezirk der Häute
Und andern warmen Kleidungsstücken,
Der Dichter fort, um zu beglücken,
Bis daß er schließlich abgenützt,
Verklungen oder ausgeschwitzt.

Ein schönes Los! Indessen doch
Das allerschönste blüht ihm noch.
Denn Laura, seine süße Qual,
Sein Himmelstraum, sein Ideal,
Die glühend ihm entgegenfliegt,
Besiegt in seinen Armen liegt,
Sie flüstert schmachtend inniglich:
»Göttlicher Mensch, ich schätze dich!
Und daß du so mein Herz gewannst,
Macht bloß, weil du so dichten kannst!!«

Oh, wie beglückt ist doch ein Mann,
Wenn er Gedichte machen kann!

Friederike Kempner

Das scheintote Kind

Nocturno

Stürmisch finst're Nacht
Kind im Grab erwacht,
Seine schwache Kraft
Jäh zusammenrafft.

»Machet auf geschwind«,
Ruft das arme Kind,
Sieht sich ängstlich um:
Finster ist's und stumm.

Überall ist's zu,
»Mutter, wo bist Du?«
Stoßet aus den Schrei,
Horchet still dabei;

Und in seiner Qual
Klopft es noch einmal,
Sieht sich grausend um:
Finster ist's und stumm.

Streckt die Ärmlein aus,
Hämmert schnell drauf los,
Ruft entsetzt und laut:
»Hört, ich bin nicht tot!«

Lehnt sein Haupt am Arm:
Daß sich Gott erbarm',
Lebt man ewig so?
Und wo stirbt man, wo?

»Ach, man hört mich nicht,
Gott, ach nur ein Licht!«
Sieht sich nochmals um!
Finster bleibt's und stumm.

Stier und starr es tappt,
Und am Sarg es klappt,
Horch, da strömt sein Blut
Durch des Nagels Hut;

Aus dem warmen Quell
Sprudelt's rasend schnell:
Endlich stirbt das Kind,
Froh die Engel sind!

Stürmisch ist die Nacht,
Blätter rauschen sacht,
Niemand sah sich um:
Finster blieb's und stumm!

Rainer Maria Rilke

Der Ball

Du Runder, der das Warme aus zwei Händen
im Fliegen, oben, fortgiebt, sorglos wie
sein Eigenes; was in den Gegenständen
nicht bleiben kann, zu unbeschwert für sie,

zu wenig Ding und doch noch Ding genug,
um nicht aus allem draußen Aufgereihten
unsichtbar plötzlich in uns einzugleiten:
das glitt in dich, du zwischen Fall und Flug

noch Unentschlossener: der, wenn er steigt,
als hätte er ihn mit hinaufgehoben,
den Wurf entführt und freiläßt –, und sich neigt
und einhält und den Spielenden von oben
auf einmal eine neue Stelle zeigt,
sie ordnend wie zu einer Tanzfigur,

um dann, erwartet und erwünscht von allen,
rasch, einfach, kunstlos, ganz Natur,
dem Becher hoher Hände zuzufallen.

Christian Morgenstern
Der Gaul

Es läutet beim Professor Stein.
Die Köchin rupft die Hühner.
Die Minna geht: Wer kann das sein? –
  Ein Gaul steht vor der Türe.

Die Minna wirft die Türe zu.
Die Köchin kommt: Was gibt's denn?
Das Fräulein kommt im Morgenschuh.
  Es kommt die ganze Familie.

»Ich bin, verzeihn Sie«, spricht der Gaul,
»der Gaul vom Tischler Bartels.
Ich brachte Ihnen dazumaul
die Tür- und Fensterrahmen!«

Die vierzehn Leute samt dem Mops,
sie stehn, als ob sie träumten.
Das kleinste Kind tut einen Hops,
die andern stehn wie Bäume.

Der Gaul, da keiner ihn versteht,
schnalzt bloß mal mit der Zunge,
dann kehrt er still sich ab und geht
die Treppe wieder hinunter.

Die dreizehn schaun auf ihren Herrn,
ob er nicht sprechen möchte.
»Das war«, spricht der Professor Stein,
»ein unerhörtes Erlebnis!« …

Das Wasser

Ohne Wort, ohne Wort
rinnt das Wasser immerfort;
andernfalls, andernfalls
spräch' es doch nichts andres als:

Bier und Brot, Lieb und Treu, –
und das wäre auch nicht neu.
Dieses zeigt, dieses zeigt,
daß das Wasser besser schweigt.

Nach Norden

Palmström ist nervös geworden;
darum schläft er jetzt nach Norden.

Denn nach Osten, Westen, Süden
schlafen, heißt das Herz ermüden.

(Wenn man nämlich in Europen
lebt, nicht südlich in den Tropen.)

Solches steht bei zwei Gelehrten,
die auch Dickens schon bekehrten –

und erklärt sich aus dem steten
Magnetismus des Planeten.

Palmström also heilt sich örtlich,
nimmt sein Bett und stellt es nördlich.

Und im Traum, in einigen Fällen,
hört er den Polarfuchs bellen.

Friedrich Eisenlohr / Livingstone Hahn / Ludwig Rubiner

Die Hinrichtung

DER FREUND sitzt im Gefängnis von Sing Sing.
Der Priester kommt, der ihn zum Tod bereitet.
Er wird auf den Elektrostuhl geleitet,
Da man ihn jüngst bei einem Morde fing.

FRED, der als Techniker zur Rettung schreitet,
Ist am Zentraldynamo in Verding.
Er transformiert durch einen Tesla-Ring
Den Wechselstrom, daß er vom Körper gleitet.

Der Henker knipst, bis er die Platze kriegt.
Der Freund summt sich ein Walzerlied in Moll,
Als der Plafond lautlos in Splitter fliegt.

Von oben saugt die Vacuum-Maschine,
Und schlürft den Freund mitsamt dem Protokoll.
Im Blau verschwinden gelb zwei Zeppeline.

Hugo Ball

Seepferdchen und Flugfische

tressli bessli   nebogen   leila
flusch   kata
ballubasch
zack hitti zopp

zack hitti zopp
hitti betzli   betzli
prusch kata
ballubasch
fasch kitti bimm

zitti kitillabi   billabi   billabi
zikko   di zakkobam
fisch   kitti   bisch

bumbalo bumbalo bumbalo bambo
zitti   kitillabi
zack   hitti   zopp

treßli   beßli nebogen grügrü
blaulala violabimini bisch
violabimini   bimini bimini
fusch   kata
ballubasch
zick hiti   zopp

Mynona

Der Lehrer Knille prüft die kleinen Schüler;
Wenn sie nichts können, kriegen sie die Rute.
Jähzornig wird er, schreit: »Zur Hölle spute
Sich jeder Dummkopf!« Und er streckt die Fühler

Sondierend aus von Neu'm, ein rechter Wühler:
Sie wissen gar nichts: und voll schnödem Mute
Faßt mit entsetzlich eiseskaltem Blute
Den teuflichen Entschluß (ohne Kalkül) er:

Hervor zieht er sein altes Bowiemesser
Und schneidet langsam einem nach dem andern
Der Reihe nach die Köpfchen von den Hälsen.

Sie halten still, gehorchen dem Professer,
Und ohne Kopf sie fromm nach Hause wandern –
Die Eltern (schmerzerfüllt) erstarrn zu Felsen.

Rudolf Alexander Schröder

Galanterie

Der sehr galante Zibenack
Verehrte eines Abends
Dem edlen Fräulein Siebenzack
Was Köstliches und Labends.

Mehlwürmer warens, fein glaciert
In einer weißen Paste.
Das Fräulein wedelte, gerührt,
Mit ihrer Puderquaste.

Der sehr galante Zibenack
Verehrte eines Morgens
Dem edlen Fräulein Siebenzack
Was im Papier Verborgnes.

Es waren, modisch kostümiert,
Drei Frösche und drei Krötchen.
Das Fräulein streichelte, gerührt,
Den Kleinen Kopf und Pfötchen.

Der sehr galante Zibenack
Spendierte ein Bukettchen
Aus Nesseln, Stinkwurz, voll Geschmack
Garniert mit Distelblättchen.

Das Fräulein nahm es an, gerührt,
Da sprach Herr Zibenacke:
Ach wärst du mir doch kopuliert,
Verehrte Siebenzacke!

Das Fräulein überlief es blau
(Sie war aus Adelssamen).
Sie sprach: Nie werd ich eine Frau
Mit bürgerlichem Namen!

Herr Zibenack verzagte schier,
Da also sprach die Teure.

Er nahm in Eile ein Klistier
Von purer Schwefelsäure.

Die Wirkung in Herrn Zibenack
War eine äußerst rare.
Nun steht das Fräulein Siebenzack
Gerührt an seiner Bahre.

Alexander Lernet-Holenia

Mädchenzeit der heiligen Anna

Ihr Antlitz war wie noch nicht angefangen
und staunender in ihrer Mädchenzeit,
vielleicht verwirrt von ihren eignen Wangen,
nur manchmal stieg ein Duft aus ihrem Kleid,

bewegt von einer Geste ihrer Hände,
und war noch zögernd und verhielt sich so:
aber da drängte sich schon ein Geblende
in sie hinein und stand schon irgendwo

in ihr. Und da war auch schon der verfrühte,
der Engel, der in ihrem Mädchenzimmer
bei den Heiligenbildern unterm Glas

dastand, und welchem sich die Eingekniete
hinhalten mußte. Doch sie weinte immer,
wie noch zu mild für dieses Übermaß.

Arno Holz

Schwerer Alpdruck

Ich
schlafe, schlurchschnurche,
wälze, wöltre
mich,
säge sieben dicke Bretter durch
und
träume.

Zwischen
Himmel und Erde,
der eine kohlschwarz, die andre
verschneit,
flimmernd, blitzend, schimmernd,
mit der Schneide nach oben ... ein ... riesiges Rasiermesser.

Offen, gähnend,
unter ihm,
mit
Veilchen, Primeln und Rosen umkränzt,
gut ... kilometerlang ... ein
Sarg.

Plötzlich,
tückisch ... grauslich ... teuflisch,
schlitzig,
spaltet sich das ... »Sterngewölbe«.

Lauter
kleine, lauter süße, lauter arme,
drollige, mollige,

fallende, rutschende, wuselnde,
wutschende,
flitschende, flutschende, witschende,
gleitende, stürzende,
glitschende,
kopskugelnde, kopskegelnde, kopskullernde,
flügelchenbeknipste, flügelchenbeschnittene, flügelchenbeschnipste
Engelchen!

Alle
lautlos, alle rücklings,
alle,
alle, alle,
o
weh, o weh, o jeh, o jeh,
mitten
durchs, quer durchs, schräg durchs
Popspöhchen!

Der
scheußliche, widerwärtige, furchtbare
Sarkophag
ist
längst schon ganz voll;
der
greuliche, gräßliche,
quibbelnde,
quabbelnde, wabbelnde
Schlachthaufen
wächst
noch, wächst noch
und
… wächst …

Und
… das will nu der große … und … das will nu der gute …
und
das will nu der
liebe
………

»Cchh!! … Cchh!! … Cchh!! … Cchh!!

Cchh!!!«

Buff,
Knuff … puff;
eine
weiche, warme,
wohlbekannte Hand, lachend, linksher,
stippst
mich, stuppst mich, knuppst mich,
schuppst
mich, weckt mich.

»Du!!
Kamel! … Wildschwein!

Was ist dir denn?? … Schnarch doch nicht so!!«

Kurt Schwitters

Herbst / Die letzte Fliege

Herbst ist es, und die Gardinen sind leer.
Die Fliegen ziehen nach dem warmen Süden.
Herbst ist es, und die Gardinen sind leer.
Ein paar verwaiste Fliegenflecke auf den Augengläsern der Lampe
Erinnern noch an die verflossene goldene Zeit.
Herbst ist es, und die Gardinen sind leer.
Nur eine letzte Fliege singt mir ihr Lied.
Sie hat viel zu tun,
Denn sie muß mir den Lärm der Legionen von Sommerfliegen vortäuschen.
Flieglein,
Süßes,
Umspiele meine Nase mit deinem holden Gezwitscher,
Umsurre mein träumendes Kitzelohr,
Daß es wieder Sommer wird.
Oh du Göttliche,
Jetzt sitzt du auf meiner Nasenspitze.
Heil dir!
Sitze, du Süße,
Wärme dich,
Denn es ist schon kalte Zeit.
Leck von den Brosamen meiner Nase,
Leck dich satt,
Denn ich danke es dir, daß du mich an den Sommer erinnerst.

Kleines Gedicht für große Stotterer

Ein Fischge, Fisch, ein Fefefefefischgerippe
Lag auf der auf, lag auf der Klippe.
Wie kam es, kam, wie kam, wie kam es
Dahin, dahin, dahin?

Das Meer hat Meer, das Meer, das hat es
Dahin, dahin, dahingespület,
Da llllliegt es, liegt, da llllliegt, llliegt es
Sehr gut, sogar sehr gut!

Da kam ein Fisch, ein Fefefefefisch, ein Fefefefefefe-
fefefefefefe-
(schriller Pfiff) feFe feFe feFe feFefischer,
Der frischte, fischte frische Fische.
Der nahm es, nahm, der nahm, der nahm es
Hinweg, der nahm es weg.

Nun llllliegt die, liegt, nun llliegt die Klippe
Ganz o o o ohne Fischge Fischgerippe
Im weiten, weit, im We Weltenmeere
So nackt, so fufu furchtbar nackt.

Joachim Ringelnatz
Silvester bei den Kannibalen

Am Silvesterabend setzen
Sich die nackten Menschenfresser
Um ein Feuer, und sie wetzen
Zähneklappernd lange Messer.

Trinken dabei – das schmeckt sehr gut –
Bambus-Soda mit Menschenblut.

Dann werden aus einem tiefen Schacht
Die eingefangenen Kinder gebracht
Und kaltgemacht.
Das Rückgrat geknickt,
Die Knochen zerknackt,
Die Schenkel gespickt,
Die Lebern zerhackt,
Die Bäuchlein gewalzt,
Die Bäckchen paniert,
Die Zehen gesalzt
Und die Äuglein garniert.

Man trinkt eine Runde und noch eine Runde.
Und allen läuft das Wasser im Munde
Zusammen, ausnander und wieder zusammen.
Bis über den feierlichen Flammen
Die kleinen Kinder mit Zutaten
Kochen, rösten, schmoren und braten.

Nur dem Häuptling wird eine steinalte Frau
Zubereitet als Karpfen blau.
Riecht beinah wie Borchardt-Küche, Berlin,
Nur mehr nach Kokosfett und Palmin.

Dann Höhepunkt: Zeiger der Monduhr weist
Auf zwölf. Es entschwindet das alte Jahr.
Die Kinder und der Karpfen sind gar.
Es wird gespeist.

Und wenn die Kannibalen dann satt sind,
Besoffen und überfressen, ganz matt sind,
Dann denken sie der geschlachteten Kleinen
Mit Wehmut und fangen dann an zu weinen.

Anonym

Ick sitze hier und esse Klops

Ick sitze hier und esse Klops,
Uff eenmal kloppt's.
Ick kieke, staune, wundre mir,
Uff eenmal jeht se uff, die Tier.
Nanu, denk ick, ick denk, nanu,
Jetzt isse uff, erscht war se zu.
Ick jehe raus und blicke,
Und wer steht draußen? – Icke!

H. C. Artmann

wos bsundas

a schnupfmbazzün is soo glaa
das eane dausnd medranaund
auf an anzechn fraunkefal
noch mariabrun reidn kentn..

jezt miassad owa r a jede fon eana
an so an glan lampeaun midhaum
dea wos eana grod komot
en s linke handal bassad..

no seawas! dedn d leit daun song:
an so an hauffm glane liachtaln
how e mei lepdog no ned xeng –
des muas wos gaunz bsundas sei..

und a jede fon de bazzüna miassad aussadem
a so a winzege mundhamonega mitdrong
– en da r aundan haund – und grod aso gros
das s eana genau fua s goschal bassad..

no seawas! dedn d leit daun song:
ar so a winzech glane negamuseg
how e mei lepdog no ned kead –
des muas scho gaunz wos bsundas sei..

owa z guada lezt miassad ar jede
fon de fliagadn schnupfmbazzüna
ar gaunz ar glaawinzex dunglgrins
schnialsaumtkapö auf m kopf haum!

jessass!!!!
jezt hod s bei de lilibudana
ar gressare kapöfabrik zrissn!
dedn do de leid duacharanaund schrein
wäul auf aamoe
a gacha windschdos denan schnupfmbazzünan
eanare grinan dusikakapön
iwa baumgoatn oweqad hed …

und *des* soitat feleicht *nix* bsundas sei!?

Gerhard Rühm

waun s
aun da schenan blaun donau
schdinggd

daun
hod da johann schdrauss
im soag
an schas lossn

dar wein dar wein dar wein
dar wein dar wein dar wein
sunsd foed ma goa nix ein

dar schdeffe ewendduö
dar schdeffe ewendduö
und dar wein
dar wein dar wein dar wein
sunsd foed ma bei leib nix ein

dar wein dar wein dar wein
dar wein dar schdeffe dar wein
sunsd foed ma i schwea s nix mea ein

Peter Hacks

Ladislaus und Komkarlinchen

Es war einmal ein Landsknecht,
Der hatte eine Maus,
Die Maus hieß Komkarlinchen,
Der Landsknecht Ladislaus.

Der Landsknecht liebt das Kämpfen,
Die Beute und die Ehr,
Aber sein Komkarlinchen,
Das liebt er noch viel mehr.

Sie aß von seinem Brote,
Sie schlief in seinem Bart,
Sie wohnt in seiner Tasche
Auf weiter Kriegesfahrt.

Nur wenn in eine Schlacht ging
Der Landsknecht mit der Maus,
Sprang sie ihm aus dem Rock und
Nahm wie der Wind reißaus.

Da wurd er sehr bekümmert
Und lief ihr hinterher
Die Kreuz und auch die Quere
Durchs ganze römische Heer.

Und weil sie lief nach hinten
Und niemals lief nach vorn,
Ging ohne ihn die Schlacht halt
Gewonnen und verlorn.

Der Krieg wurd immer älter,
Der Krieg wurd dreißig Jahr,
Älter als mancher Landsknecht
Alt geworden war.

Und die das Kämpfen liebten,
Die Beute und die Ehr,
Die lagen schon begraben
In Sachsen und am Meer.

Jedoch aus allen Wettern
Kam heilen Leibs heraus
Dank seinem Komkarlinchen
Der Landsknecht Ladislaus.

H. C. Artmann

ein männlein steht am schalter
so gar nicht stumm
und sagt zu dem beamten:
sei bloß nicht dumm,
gib die schönen piepen her,
glaube mirs, die freun mir sehr,
und drückste auf die klingel,
leg ich dir um.

Hubert Gersch

Was ist das?

Hat ein dünnes Fräckchen an
(aus blauem Samt)
das zauset ihm der Wind

Und hat einen Käfig in der Hand
drinnen sitzen drei Raben
und frieren

Und stelzt so über die Straße hin
schreit: »Frische Raben«

Und hat doch keinen Namen mehr
weil ich ihn vergessen han

Ernst Jandl

fünfter sein

tür auf
einer raus
einer rein
vierter sein

tür auf
einer raus
einer rein
dritter sein

tür auf
einer raus
einer rein
zweiter sein

tür auf
einer raus
einer rein
nächster sein

tür auf
einer raus
selber rein
tagherrdoktor

Hans Magnus Enzensberger
Die Scheiße

Immerzu höre ich von ihr reden
als wär sie an allem schuld.
Seht nur, wie sanft und bescheiden
sie unter uns Platz nimmt!
Warum besudeln wir denn
ihren guten Namen
und leihen ihn
dem Präsidenten der USA,
den Bullen, dem Krieg
und dem Kapitalismus?

Wie vergänglich sie ist,
und das was wir nach ihr nennen
wie dauerhaft!
Sie, die Nachgiebige,
führen wir auf der Zunge
und meinen die Ausbeuter.
Sie, die wir ausgedrückt haben,
soll nun auch noch ausdrücken
unsere Wut?

Hat sie uns nicht erleichtert?
Von weicher Beschaffenheit
und eigentümlich gewaltlos
ist sie von allen Werken des Menschen
vermutlich das friedlichste.
Was hat sie uns nur getan?

Ror Wolf

Das ist doch nein die schlafen doch im Stehen.
Das ist doch ist das denn die Möglichkeit.
Das sind doch Krücken. Ach du liebe Zeit.
Das gibts doch nicht. Das kann doch gar nicht gehen.

Die treten sich doch selber auf die Zehen.
Die spielen viel zu eng und viel zu breit.
Das sind doch nein das tut mir wirklich leid.
Das sind doch Krüppel. Habt ihr das gesehen?

Na los geh hin! Das hat doch keinen Zweck.
Seht euch das an, der kippt gleich aus den Schuhn.
Ach leck mich fett mit deinem Winterspeck.

Jetzt knickt der auch noch um, na und was nun?
Was soll denn das oh Mann ach geh doch weg.
Das hat mit Fußball wirklich nichts zu tun.

F.W. Bernstein / Robert Gernhardt

Scherge und Mörder

Ein Kriminalgedicht

Das enge Tal, das schmale Tal
liegt länglich zwischen Bergen
und rettete so manches Mal
den Mörder vor dem Schergen.
Der Scherge ist so korpulent,
daß er viel Platz braucht, wenn er rennt.
Der Mörder, etwas schmäler,
flieht drum in enge Täler.

So stob er nach dem Goethe-Mord
gleich in die Hohen Tauern,
wo er vorm Schergen sicher war
und allzu feisten Bauern.

Und auch nachdem er Marx erschoß
trug ihn sein braves, dürres Roß
in jenes Alpental, und zwar
dorthin, wo es am schmalsten war.

Nur als er sich an Storm vergriff,
da ging die Sache elend schief.
Denn das war in der Ebene,
für Schergen das Gegebene.

Der Mörder bekam »Lebenslang«,
der Scherge einen Orden.
Und wenn sie nicht gestorben sind,
sind sie steinalt geworden.

Anonym
Limerick

Es war mal ne Dame aus Lingen,
Die konnt wie ne Kreissäge singen.
    Sie wurde ein Star
    und bekam Honorar –
von den Schreinern: für gutes Gelingen.

Ernst Jandl
von zeiten

sein das heuten tag sein es ein scheißen tag
sein das gestern tag sein es gewesen ein scheißen
                tag ebenfalz
kommen das morgen tag sein es werden ein scheißen
                tag ebenfalz
und so es sein aufbauen sich der scheißen woch
und aus dem scheißen woch und dem scheißen woch
so es sein aufbauen sich der scheißen april
und es sein anhängen sich der scheißen mai
und es sein anhängen sich der scheißen juni scheißen
                juli august etten zetteren
so es sein aufbauen sich der scheißen jahr
und auf allen vieren der scheißen schalten jahr
und haben jeden der scheißen jahr darauf einen
                nummeron

neunzehnscheißhundertsiebenundsiebzigscheiß
scheißneunzehnhundertscheißachtundscheißsiebzig-
scheiß
so es sein aufbauen sich der scheißen leben
schrittenweizen hären von den den geburten
und sein es doch wahrlich zun tot-scheißen

Erich Fried

Leilied bei Ungewinster

Tschill tschill mein möhliges Krieb
Draußen schnirrt höhliges Stieb

Draußen schwirrt kreinige Trucht
Du aber bist meine Jucht

Du aber bist was mich tröhlt
Dir bin ich immer gefröhlt

Du bist mein einziges Schnülp
Du bist mein Holp und mein Hülp

Wenn ich allein lieg im Schnieb
denk ich an dich mein Krieb

Robert Gernhardt

Die allzufröhlichen Mönche

Die Riesentanne Theodor
stund justament vorm Klostertor.

»Auf«, sprach der Abt zu seinen Mannen,
»sie stört, wir tragen sie von dannen!«

»Das machen wir«, erscholl's im Chor,
doch wer nicht wich, war Theodor.

Trotz allem Rickeln, Ruckeln, Rackeln
kam Theo nicht einmal ins Wackeln.

»Genug«, sprach Bruder Jobst verlegen,
»auf unserm Vorsatz liegt kein Segen.«

»Genau«, sprach auch der Abt gequält,
»es soll nicht sein, die Sägen fehlt.«

Die Brüder schwiegen erst genant,
dann nahm ein Kichern überhand.

Ein Kichern, das sie nicht verließ,
obwohl der Abt sie schweigen hieß.

Sie kicherten in einer Tour,
bis auch der Papst davon erfuhr.

»Was hör' ich da?« sprach der erbost.
»Die Brüder sind wohl nicht bei Trost!

Das ist ja grad, als ob die Herren
statt Zister- Kicherzienser wären!«

Als unsre Mönche dieses hörten,
da kicherten sie nicht, sie röhrten.

Sie röhrten derart laut und lang,
daß es selbst Gott zu Ohren drang.

»Mein Gott«, rief der, »der Lärm empört mich,
das Rühren röhrt mich nicht, es stört mich!«

Kaum, daß er sich derart versprach,
als schon ein Riesenkrach losbrach.

Er stammte von der Brüder Schar,
die nun nicht mehr zu halten war.

Wildwiehernd zog die ganze Bande,
ein Bild des Schreckens, durch die Lande.

Und brüllte wohl noch heut herum,
wär sie nicht längst schon tot und stumm,

stumm, wie der Riese Theodor,
die Tonne vor dem Klostertor.

Äh – Tante. Tunte. Tinte. Titte –
doch was soll das Gelächter bitte?

Weh mir, welch greller Höllenchor
steigt aus der Erde Schoß hervor?

Mein Gott: Es sind die braunen Brüder
und – Hummel hilf! – sie röhren wieder!

James Krüss

Wenn die Möpse Schnäpse trinken

Wenn die
Möpse
Schnäpse
Trinken,
Wenn vorm
Spiegel
Igel
Stehn,
Wenn vor
Föhren
Bären
Winken,
Wenn die
Ochsen
Boxen
Gehn,
Wenn im
Schlafe
Schafe
Blöken,

Wenn im
Tal
Ein Wal
Erscheint,
Wenn in
Wecken
Schnecken
Stecken,
Wenn die
Meise
Leise
Weint,
Wenn Giraffen
Affen
Fangen,
Wenn ein
Mäuslein
Läuslein
Wiegt,
Wenn an
Stangen
Schlangen
Hangen,
Wenn der
Biber
Fieber
Kriegt,
Dann
Entsteht zwar
Ein Gedicht,

Aber
Sinnvoll
Ist es
Nicht.

Ror Wolf

ruhe ruhe

aus der ferne grüßt der watzmann spitz.
und hans waldmann fällt in einen schlitz.

waldmann hat sich nichts daraus gemacht.
er steht auf und fällt in einen schacht.

waldmann steigt heraus und lacht, jedoch
danach fällt hans waldmann in ein loch.

schon erhebt er sich, in alter frische,
gleich danach fällt er in eine nische.

ja, sagt waldmann, gut, in diesem sinne,
und fällt gleich danach in eine rinne.

er steht auf und kommt heraus zum glücke
und fällt gleich danach in eine lücke.

er steht auf, hans waldmann, ja das tat er.
und er fällt hinab in einen krater.

nicht so schlimm, sagt waldmann, doch dann bricht er
plötzlich ein und fällt in einen trichter.

als er aufsteht, sagt er: na, ich denke,
das genügt; und fällt in eine senke.

nein, sagt waldmann, jetzt ist schluß, ich dulde
sowas nicht; und fällt in eine mulde.

schluß, sagt waldmann, ich will das nicht haben.
er steht auf und fällt in einen graben.

ende, sagt er, das wird mir zu bunt.
und er fällt hinunter in den grund.

waldmann, hans, er wirbelt durch die luft.
scheiße, schreit er und fällt in die kluft.

scheiße, schreit er und verliert den halt,
und ist schließlich aufgeprallt im spalt.

er steht auf und sagt: der ganze kram
kotzt mich an, und fällt in die klamm.

aufgestanden schreit er: gott verflucht,
und rutscht ab und fällt in eine schlucht.

als er aufsteht sagt er: arsch und zwirn,
leckt mich fett, und fällt in einen firn.

wie erträgt man, ruft er, dieses leben?
und man sieht ihn in die tiefe schweben.

nun ist sense, ruft er, nun ist ende,
und er stürzt hinunter ins gelände.

als er aufsteht, waldmann, wieder mal,
ruft er nichts und fällt hinab ins tal.

waldmann sagt: da ist wohl nichts zu machen.
und er klopft den schnee von seinen sachen.

er erhebt sich, schüttelt sich und lacht,
siehe oben, lacht, wie abgemacht.

und der fremde, der das alles sieht,
steht am watzmann, schwarz, und spielt ein lied.

schiebt den bogen auf der violine.
donnernd kommt vom gipfel die lawine.

waldmann lacht, jetzt fällt der sogenannte
fremde ab vom berg auf eine kante.

waldmann, von dem hier die rede ist,
sieht den fremden liegen, aufgespießt.

auch die violine fällt hinunter.
waldmann lacht und sagt: das ist kein wunder.

waldmann, hans, verläßt die gegend schnell
und bezieht ein anderes hotel.

Ludwig Harig

Grazer Tristane

Wer die Schönheit angeschaut mit Augen,
wird für keinen Dienst auf Erden taugen.

Wer die Schönheit angehört mit Ohren,
ist dem Leben allezeit verloren.

Wer die Schönheit roch mit seiner Nasen,
dessen Lebenslicht ist ausgeblasen.

Wer die Schönheit angefaßt mit Fingern,
muß ermattet in den Abgrund schlingern.

Wer die Schönheit abgeleckt mit Zungen,
ist schon weit ins Dunkel vorgedrungen.

Wer die Schönheit ausgedacht im Hirne,
dem erglüht und explodiert die Stirne.

Wer sie einverleibt mit siebtem Sinne,
sitzt am tiefsten in des Todes Rinne.

(Variation nach Platen, nachdem Gert Jonke, als Ohrenmensch, die Augentheorie als unzulänglich beschrieben hat.)

Robert Gernhardt

Ach

Ach, noch in der letzten Stunde
werde ich verbindlich sein.
Klopft der Tod an meine Türe,
rufe ich geschwind: Herein!

Woran soll es gehn? Ans Sterben?
Hab ich zwar noch nie gemacht,
doch wir werd'n das Kind schon schaukeln –
na, das wäre ja gelacht!

Interessant so eine Sanduhr!
Ja, die halt ich gern mal fest.
Ach – und das ist Ihre Sense?
Und die gibt mir dann den Rest?

Wohin soll ich mich jetzt wenden?
Links? Von Ihnen aus gesehn?
Ach, von mir aus! Bis zur Grube?
Und wie soll es weitergehn?

Ja, die Uhr ist abgelaufen.
Wollen Sie die jetzt zurück?
Gibt's die irgendwo zu kaufen?
Ein so ausgefall'nes Stück

Findet man nicht alle Tage,
womit ich nur sagen will
– ach! Ich soll hier nichts mehr sagen?
Geht in Ordnung! Bin schon

Beat Zwicky

Winterweh im Oberland

Ach, dass die innre Schöpfungskraft
durch meinen Sinn erschölle!
Dass eine Bildung voller Saft
aus meinen Fingern quölle!

Göthe

Lausig eisig heut. Ich gräme
  mich – ach, wenn's doch schmölze, tröffe
oder Lydia wiederkäme
  und mir hülfe: mit mir söffe
und mich in die Arme nähme,
  ob ich schlaffte oder schlöffe!

Widerwinter. Ei, ich zöge
  sie zum Diwan und ersprösse,
klömme, kröche, schwömme, flöge,
  mit ihr, bis es börste, gösse,
flösse, uns der Rausch verböge
  und der Taumel uns genösse!

Ski, Sknee, Skeisse. Oh, ich möchte,
  dass ich wüsche, büke, spönne,
Flinten lüde, Zöpfe flöchte,
  grübe, drösche, Kraft gewönne,
nicht mit eitlen Spiegeln föchte,
  nicht im Stundenglas zerrönne.

Frost und Rotz. Ah, ich durchmässe
so gern heisse Weiten, ritte
Leu und Lama – sötte, sässe
unterm Kreuz des Südens, stritte
mit dem Tiger, der mich frässe –
träte, würfe, glitte, litte!

Gletscher, Zapfen. Ha, ich schmisse
mich in Dschungel, wenn ich wüsste,
dass ich mich mit Wölfen bisse,
Warzenschweine schwindlig küsste,
Schafe schöre, die ich risse,
wenn ich nur nicht frieren müsste!

Harscharsch, Firnstirn. Ach, ich wöbe,
göre Most … wenn Lydia würbe,
mir beföhle … oder schnöbe …
alles, wenn ich nicht verdürbe,
Rauhreif trüge und zerstöbe,
ohne sie in Kälte stürbe!

Jan Kaiser

Eine Verwirrung

Es lebte einst in alten Tagen,
So Kreide, Jura, würd ich sagen,
Es mag auch zweite Eiszeit sein,
Auch laß ich mich auf Neuzeit ein,
Jedenfalls so ungefähr
Zu jener Zeit, ich weiß nicht mehr,
Ein Hengst von stattlicher Statur
Im Städtchen Witten an der Ruhr.

Vielleicht war es auch Neheim-Hüsten?
Wenn wir das nur genauer wüßten,
Oder sogar Wuppertal?
Na, jedenfalls, es war einmal
Ein Tapir frisch und lebensfroh
In Herne oder Gütersloh.

Moment, da komm ich jetzt ins Schwanken.
Ich will mich nicht um Namen zanken,
Doch Pirmasens kommt auch in Frage,
Und wo ich grade Lörrach sage,
Da fällt mir brühwarm wieder ein:
Es muß ein Lurch gewesen sein.

Nun denn, das Schicksal, es schlug zu,
Und zwar war das in Friedrichsruh,
Was wiederum zur Folge hatte,
Daß die just genannte Ratte,
Hals über Kopf Paris verließ
Und bald auf ihren Schwager stieß.

Und der war ganz ein schlimmer Finger.
Man erlebt ja manche Dinger,
Doch was jener angestellt,
Ist einzigartig in der Welt.
Und zwar, hört her, ich lüge nicht,
Ich bring die Wahrheit jetzt ans Licht,
Es stimmt, so wahr ich Kaiser heiße:
Moment ... ich hab's vergessen ... Scheiße!

Fritz Eckenga

Der Wein war ein Gedicht

Kartoffeln schälen
Möhren schaben
Derweil sich schon am Weißen laben.
Frisch beträufeln
Und gelassen
Den Roten abseits atmen lassen.

Tomaten vierteln
Schoten waschen
Na gut – nochmal vom Weißen naschen.
Fischbett machen
Ofen wärmen
Vom Bukett des Roten schwärmen.

Fisch ins Bett
Bett ins Rohr
Schmeckt der Weiße nach wie vor?

Durchaus! Chapeau!
War auch nicht billig
Der Rote riecht extrem vanillig.

Geiter Zwang –
Quatsch: Zweiter Gang!
Weißer – bist ein guter Fang!
Wühnchen haschen?
Hühnchen waschen!
Wird daschu der Rote paschen?

Mussich kosten
Junge Junge
Der liegt ewig auf der Zunge!
Tut mir lei – Hicks
Tut mir leiter
Dagegen ist der Weiße Zweiter!

Huhn muß raten?
Braaten! Rohr –
Fisch vergessen – kommt mal vor!
Kann nix machen
Muß zum Müll
Der Rote macht mich lall und lüll.

Dummes Huhn
Bis morgen dann
Heut leg' ich keine Hand mehr an
Dein Fl – Dein Fl –
Dein tzartes Fleisch
Wo far denn noch die Wlasche gleisch?

Versteckdichnich!
Ich finde dich!
Heutkochichnich heuttrinkichdich!
Da bissuja
Mein roter Bruder
Dadí Dadú Dadí Dadúda!

Verzeichnis der Autoren und Druckvorlagen

Anonym

5, 49 Deutsche Unsinnspoesie. Hrsg. von Klaus Peter Dencker. Stuttgart: Reclam, 1978. (Universal-Bibliothek. 9890.)
20 Des Knaben Wunderhorn. Alte deutsche Lieder gesammelt von Achim von Arnim und Clemens Brentano. Krit. Ausg. Hrsg. und komm. von Heinz Röllecke. Bd. 2. Stuttgart: Reclam, 1987. (Universal-Bibliothek. 1252.)
26 Alles Unsinn. Deutsche Ulk- und Scherzdichtung von ehedem bis momentan. Ges. und hrsg. von Heinz Seydel. Berlin: Eulenspiegel Verlag, ^{4}1985.
59 Aus dem Gedächtnis des Herausgebers zitiert.

H(Ans) C(Arl) Artmann (1921–2000)

50 med ana schwoazzn dintn. gedichta r aus bradnsee. 11. Aufl. Salzburg: Müller, 2001. – © Otto Müller Verlag, 12. Auflage, Salzburg 2009.
54 ein lilienweißer brief aus lincolnshire. gedichte aus 21 Jahren. Hrsg. und mit einem Nachwort von Gerald Bisinger. Frankfurt a. M.: Suhrkamp, 1969. – © Rosa Artmann / Thomas Sessler Verlag, Wien.

Hugo Ball (1886–1927)

39 Gesammelte Gedichte. Zürich: Die Arche, 1963.

F. W. Bernstein (d. i. Fritz Weigle; geb. 1938) /
Robert Gernhardt (1937–2006)

58 F. W. Bernstein: Reimweh. Gedichte und Prosa. Ausgew. und mit einem Nachw. vers. von Eckhard Henscheid. Stuttgart: Reclam, 1994. (Universal-Bibliothek. 9308.) – © F. W. Bernstein, Berlin · Robert Gernhardt, Frankfurt am Main.

Barthold Heinrich Brockes (1680–1747)

6 Irdisches Vergnügen in Gott, bestehend in Physicalisch- und Moralischen Gedichten, nebst einem Anhange verschiedener dahin gehöriger Übersetzungen. Zweyter Theil. Faksimiledruck nach der Ausgabe von 1739. Bern: Herbert Lang, 1970.

Gottfried August Bürger (1747–1794)

13 Sämtliche Werke. Hrsg. von Günter und Hiltrud Häntzschel. München: Hanser, 1987.

Wilhelm Busch (1832–1908)

28 Gesamtausgabe in vier Bänden. Hrsg. von Friedrich Bohne. Bd. IV. Wiesbaden: Vollmer, 1973.

Fritz Eckenga (geb. 1955)

73 Ich muss es ja wissen. Geschichten und Gedichte vom Fachmann. Berlin: Edition Tiamat, 1998. – Mit Genehmigung von Fritz Eckenga, Dortmund.

Friedrich Eisenlohr (1889–1954) / Livingstone Hahn / Ludwig Rubiner (1861–1920)

38 Kriminal-Sonette von Friedrich Eisenlohr, Livingstone Hahn, Ludwig Rubiner. Berlin: Eulenspiegel Verlag, 1985. – © 1985 Eulenspiegel Verlag, Berlin.

Hans Magnus Enzensberger (geb. 1929)

56 Gedichte 1955–1970. Frankfurt a. M.: Suhrkamp, 1971. – © 1971 Suhrkamp Verlag, Frankfurt am Main.

Erich Fried (1921–1988)

60 Liebesgedichte. Berlin: Wagenbach, 1979. Neuaufl. Ebd. 1995. – © 1979, 1995 Verlag Klaus Wagenbach, Berlin.

Robert Gernhardt (1937–2006)

61 Wörtersee. Frankfurt a. M.: Zweitausendeins, 1981. – © Nachlass Robert Gernhardt, durch Agentur Schlück. Alle Rechte vorbehalten.
69 Lichte Gedichte. Zürich: Haffmans Verlag, 1997. – © Robert Gernhardt. Alle Rechte vorbehalten S. Fischer Verlag GmbH, Frankfurt am Main.

Hubert Gersch (geb. 1939)

54 Die Meisengeige. Zeitgenössische Nonsensverse. Ges. und hrsg. von Günter Bruno Fuchs. Mit einer Zwischengeige in zehn Zeichnungen von Ali Schindehütte. Frankfurt a. M. / Berlin / Wien: Ullstein, 1978. [Zuerst: München: Hanser, 1964.] – Mit Genehmigung von Hubert Gersch, Münster.

Johann Wolfgang Goethe (1749–1832)

22 Goethes Werke. Bd. 1: Gedichte und Epen 1. Textkrit. durchges. und komm. von Erich Trunz. 12., neu bearb. Aufl. München: C. H. Beck, 1981.

Peter Hacks (1928–2003)

52 Der Flohmarkt. Gedichte für Kinder. Illustrationen von Klaus Ensikat. Berlin: Eulenspiegel Verlag, 2001. – © 2001 Eulenspiegel Verlag, Berlin.

Ludwig Harig (geb. 1927)

68 Hundert Gedichte. Alexandrinische Sonette, Terzinen, Couplets und andere Verse in strenger Form. München: Hanser, 1988. – © 1988 Carl Hanser Verlag, München.

Heinrich Heine (1797–1856)

24 Sämtliche Gedichte. Hrsg. von Bernd Kortländer. Stuttgart: Reclam, 1997.

Ludwig Christoph Heinrich Hölty (1748–1776)

11 Deutsche Gedichte des 18. Jahrhunderts. Hrsg. von Klaus Bohnen. Stuttgart: Reclam, 1987 [u. ö.]. (Universal-Bibliothek. 8422.)

Arno Holz (1863–1929)

43 Werke. Hrsg. von Wilhelm Emrich und Anita Holz. Bd. 1: Phantasus I. Neuwied: Luchterhand, 1961.

Ernst Jandl (1925–2000)

55, 59 poetische werke. Hrsg. von Klaus Siblewski. München: Luchterhand, 1997. – © 1997 by Luchterhand Literaturverlag, München, in der Verlagsgruppe Random House GmbH.

Jan Kaiser (geb. 1976)

72 Wie Schwech und Pefel. Liebeslustundlachgedichte. München: Knaur, 2003. – Mit Genehmigung von Jan Kaiser, Adendorf.

Friederike Kempner (1836–1901)

33 Dichterleben, Himmelsgabe. Sämtliche Gedichte. Hrsg. von Nick Barkow und Peter Hacks. Berlin: Rütten & Loening, 1989.

Johann Klaj (um 1616 – 1656)

5 Deutsche Unsinnspoesie. Hrsg. von Klaus Peter Dencker. Stuttgart: Reclam, 1978. (Universal-Bibliothek. 9890.)

James Krüss (1926–1997)

63 Der Zauberer Korinthe und andere Gedichte von James Krüss. Zeichnungen von Rolf Rettich. Hamburg: Oetinger, 1982. – Mit Genehmigung der James-Krüss-Erben, Uetersen.

Alexander Lernet-Holenia (1897–1976)

42 Das lyrische Gesamtwerk. Hrsg. von Roman Roček. Wien/Darmstadt: Zsolnay, 1989. – Mit Genehmigung von Alexander Dreihann-Holenia, Kitzbühel (Österreich).

Christian Morgenstern (1871–1914)

35, 36, 37 Alle Galgenlieder. Stuttgart: Reclam, 1989, 1999.

Mynona (d. i. Salomo Friedlaender; 1871–1946)

40 Hundert Bonbons. München: Müller, 1918. – Mit Genehmigung von Hartmut Geerken, Herrsching.

August Von Platen (1796–1835)

23 Sämtliche Werke. Hist.-krit. Ausg. mit Einschluß des handschriftlichen Nachlasses. Hrsg. von Max Koch und Erich Petzet. Bd. 3/4. Hildesheim / New York: Olms, 1969.

Rainer Maria Rilke (1875–1926)

34 Gedichte. Ausw. und Nachw. von Dietrich Bode. Stuttgart: Reclam, 1997. (Universal-Bibliothek. 9623.)

Joachim Ringelnatz (d. i. Hans Bötticher; 1883–1934)

48 Das Gesamtwerk in sieben Bänden. Hrsg. von Walter Pape. Bd. 2: Gedichte 2. Zürich: Diogenes Verlag, 1994.

Gerhard Rühm (geb. 1930)

51, 52 Gesammelte Gedichte und visuelle Texte. Reinbek b. Hamburg: Rowohlt, 1970. – Mit Genehmigung von Gerhard Rühm, Köln.

Friedrich Schiller (1759–1805)

16 Sämtliche Werke. Auf Grund der Originaldrucke hrsg. von Gerhard Fricke und Herbert G. Göpfert. Erster Band. 5., durchges. Aufl. München: Hanser, 1973.

Rudolf Alexander Schröder (1878–1962)

40 Deutsche Chansons. Leipzig: Insel Verlag, 1919.

Kurt Schwitters (1887–1948)

46, 47 Das literarische Werk. Hrsg. von Friedhelm Lach. Bd. 1: Lyrik. Köln: DuMont, 1973. – © 1973 DuMont Buchverlag GmbH & Co. KG, Köln.

Ror Wolf (geb. 1932)

57 Das nächste Spiel ist immer das schwerste. Frankfurt a. M. Schöffling, 2008. – © 2008 Schöffling & Co. GmbH, Frankfurt am Main.
65 Im Zustand vergrößerter Ruhe. Die Gedichte. Hrsg. von Friedmar Apel. Frankfurt a. M.: Schöffling, 2009. – © 1996, 2007, 2009 Schöffling & Co. GmbH, Frankfurt am Main.

Beat Zwicky (geb. 1965)

70 Der Rabe. Magazin für jede Art von Literatur. Hrsg. von Jürg Fischer und Constantin Seibt. Zürich: Haffmans, 1998. (Erschienen zum »Themenschwerpunkt Schweiz der Internationalen Buchmesse, Frankfurt a. M. 1998«.)

Nachwort

Vieles ist dem letzten Jahrhundert vorzuwerfen, aber vergessen wir nicht, daß es uns auch etwas sehr Lebensfreundliches geschenkt hat: Die Komik ist eine Erfindung des 20. Jahrhunderts. »Als die Bilder laufen lernten« – war dies erst einmal nichts anderes als ein Weglaufen, Verfolgen, Stolpern und Ausrutschen, dem sich später auch Großkomiker der Leinwand wie Chaplin, Laurel & Hardy oder die Marx Brothers leidenschaftlich hingaben. So etwas kannten vorhergehende Epochen fast gar nicht, und nicht nur, weil es noch keine bewegten Bilder gab. Die Literatur des 19. Jahrhunderts ist – zumindest in Deutschland – stark geprägt vom Humor, und zwar entweder vom schopenhauerischen, dem ›ersparten Schmerz‹ des entsagenden Weltweisen, oder gar von dem in Bierdunst und Tabaksqualm gehüllten studentischer Kommersbücher. Nichts oder wenig davon im vorliegenden Bändchen und ebenso wenig auch vom epigrammatischen ›Witz‹ klügelnder Galane des 17. und 18. Jahrhunderts. Auch die noch von Fontane geschätzten Leberreime (»Die Leber ist von einem Hecht und nicht von einem Störe, / Es lebe der Lehrer Klingenstein, der Kantor der Kantöre!«), die Lügen- und Verkehrte-Welt-Balladen, Schüttelreime, Zungenbrecher, Palindrome und anderes dieser Art erreichen uns nicht mehr. Das, worüber wir lachen, scheint außerdem nicht unbedingt das Zeitlose, Allgemeinmenschliche zu sein, sondern hat häufig einen sehr konkreten sozialpsychologischen Hintergrund. Die Komik steht auf dem Boden unseres Alltags und unserer Kultur, und sie bedient sich unserer Wahrnehmungsweisen. Über Laurel & Hardy lachen wir, weil deren Welt noch in unserer wiedererkennbar ist, aber dem bösen Spaß der »Alle Kinder«-Reime (»Alle Kinder schwimmen im See – nur nicht Gunter, der geht unter«), die wir komisch finden können, hätten frühere Zeiten wohl kaum etwas abgewonnen. Wenn die Dinge so liegen, dann konnte es nicht das Ziel dieses Bändchens sein – im Gegensatz zu meiner vorangegangenen Sammlung erotischer Gedichte (UB 18070) –, gleichsam eine Literaturgeschichte ›in der Nuß‹ zu bieten, denn offenbar schadet die Zeit der Komik mehr als der Erotik. Doch haben wir für diese Anthologie, also Blütenlese, rücksichtslos überall dort gepflückt, wo es noch Unverschrumpeltes zu ernten gab. Und naturgemäß lieferten die jüngeren Bäume die frischeren Blüten und das saftigere Obst.

Schon mit dem dritten Gedicht beginnt eine so lange wie unehrerbietige Reihe unfreiwilliger Komik, also steinernstgemeinter Werke, die heute zum Steinerweichen komisch wirken. Es dürfte vielleicht aber auch schon die Zeitgenossen belustigt haben, wie Brockes, der dichtende Physikotheologe, dem »verstockten Atheisten« triumphierend den Muskel des Augenlids zur Beachtung empfiehlt, ohne den dieser nicht einmal zu Gesicht bekäme, was doch mit Leibniz zweifellos die beste aller Welten zu nennen ist – und in der selbst ein mit allen Greueln blutrot ausgemalter Zahnarztbesuch noch zu einem Lobe Gottes taugt. Hölty ist ein ewiges Beispiel für ein verstiegenes Köpfchen, das wunderbar auch ohne Hirn auszukommen und zu dichten vermag, wenn nur die Gefühle hochgestimmt genug sind. Allein die archaisierenden Bardennamen der Mitglieder des »Göttinger Hains« brachte den *Bund* durch die Vorausscheidung für diese Anthologie. Und auch Gottfried August Bürger lehnt sich ziemlich weit aus dem Fenster, wenn er sein Gedicht *Männerkeuschheit* nennt und darin ein grausliches Mannesideal derart schmachtend besingt, daß es Schiller denn doch zu viel wurde und – obwohl sonst bestimmt kein Komiker – eine Parodie hinterherschickte, die das Original zwar nicht übertrifft, aber doch erreicht und sich deshalb hier anschließen darf. Die *Mordwirthin* wurde wegen des wunderbaren Mordes (»Sie macht das Pfännchen mit Fette heiß, / Und schütt's dem Reiter in Hals hinein«) und der drei Schlußverse ausgewählt, deren Grad an Lakonik vermutlich nur das Volkslied zu erreichen vermag. Und den Dilettantismus dieses Genres nicht zu vergessen: von den »drei Soldaten-Söhn« des Anfangs wird einer nie in diesem Gedicht auftauchen. August Graf von Platen tat sich sehr viel darauf zugute, das orientalische Ghasel in die deutsche Dichtung eingeführt zu haben. Wunderbar, aber haben Sie schon einmal ein Ghasel gelesen? Tun Sie's hier, und wenn Sie angesichts von Form und Inhalt ernst bleiben, dann muß Ihnen eben Friederike Kempner die schlechte Laune vertreiben, die eine arge Schauerballade vom scheintoten Kind erzählt, ihr Lieblingsthema, um das sie sich auch soziale Verdienste erwarb. Die Kempner ahnte von ihrem schiefen Ruhm wohl nichts und hielt sich für eine veritable Dichterin – während die Mitwelt sich glucksend die Hände vor den Mund hielt. Wir aber wollen freundlich sein und sie in unserer Anthologie herzlich willkommen heißen. Ebenso ihren großen Kollegen Rilke ... Meingottrilke! Der hier?! Aber lesen Sie nur seinen *Ball*, dann wünschten auch Sie, daß einmal ein Straßenjunge dahergekommen wäre und dem allzu Feinsinnigen einen Fußball derb an den Kopf geschossen hätte, damit auch er davon wisse, welch ein ›Ding‹ dies sei. Sicherlich ein Höhepunkt unfreiwilliger Komik in der deutschsprachigen Lyrik. Da wundert's freilich nicht, daß ein leidenschaftlicher Rilke-Bekenner, nämlich Alexander Lernet-Holenia, in die gleiche Kerbe haut und ein Sonett, *Mädchenzeit der heiligen Anna*, auf das Papier ergießt, dessen verquaste Erotik (»aber da drängte sich schon ein Geblende / in sie hinein und stand schon irgendwo // in ihr«) vielleicht nicht einmal so schlimm ist wie die prätentiösen, zerfließenden Enjambements und die (pardon!) gespreizte Sprache: »Eingekniete« ... Mögen diese Gedichte anderswo ein seriöses Heimatrecht haben, hier zwingt sie der Anthologist, sich mit ihren von Natur aus lustigen Nachbarn im Land der Komik zu vertragen.

Was aber ist Komik? Es ist hier nicht der Ort, diese Frage grundsätzlich zu klären, aber wir wollen ein wenig an den Gedichten rütteln und schauen, ob dabei etwas für den Begriff herauskommt. Neben den sich selbst überführenden Verstiegenheiten sind es wohl zunächst die klassischen Gattungen der Parodie und der Satire, in denen Komik entstehen kann. In der Parodie, dem Gegengesang, wird ein Werk nachgeahmt, indem dessen inhaltliche und formale Elemente erkennbar beibehalten, aber übertrieben werden, und zwar in der Regel böswillig und denunziatorisch. Schiller hat sich einfach über Bürger lustig machen wollen. Der anonyme spätbarocke Dichter der *Amanda* verulkt die Metaphernwut der zeitgenössischen Liebeslyrik mit haarsträubenden Komplimenten, und Ludwig Harigs Nachahmung von Platens berühmtem Gedicht *Tristan* (»Wer die Schönheit angeschaut mit Augen, / Ist dem Tode schon anheimgegeben«) erzielt die komische Wirkung, indem sich auch die anderen Sinne von der Schönheit einfangen lassen, was aber trotz versiebenfachter Todgeweihtheit nicht so ganz ohne Lust abzulaufen scheint. Das ist alte antipetrarkistische Schule, die immer schon das bloße Beäugen der Schönheit verspottet hat. Goethe scherzt in seinem Gedicht über die moralinsauren Verslein für Kinder (»Es war ein Kind, das wollte nie / Zur Kirche sich bequemen«) mit einem sehr grotesken Einfall. Ein echtes Gelegenheitsgedicht, denn offenbar wurde er Zeuge der Kinderfurcht eines armen kleinen Kerls aus der Umgebung, der sonntags beim Glockengebimmel sehr unruhig wurde. Wieder kein Punkt also für jene, die ihre hausbackene Moral auch bei

Goethe suchen wollen und hier eine Anstiftung zum Kirchgang vermuten! Bei Kurt Schwitters ist es die sentimentale Herbst- und Italien-Poesie, die aufs Korn genommen wird. Aber hier ist es schon weniger die Destruktionsabsicht, als vielmehr die Innovationsfreude, heterogene Elemente zusammenzumontieren: die Fliege, den Gesang und den Zug nach Süden. Auch H. C. Artmann parodiert nicht, um das Vorbild zu beschädigen. Die übernommene Form, das nette Liedchen vom *Männlein im Walde*, wird mit einem sehr unkindlichen Inhalt bedacht. Die Naivität der Vorlage überträgt sich auf den neuen Gehalt (das Männlein ist nun ein Bankräuber), und diese Diskrepanz ist für uns komisch. In den Bereich des Nonsense reicht Hubert Gerschs Parodie auf ein Rätselgedicht hinein. Die Frage nach *diesem* ›Männlein‹ können wir nicht beantworten, wohl aber glauben wir – aufgrund eines sprachlichen Indizes – zu wissen, wo der komische Kauz wohnt: im Kopf eines Barockforschers nämlich.

In der Satire hingegen, dem Spott- und Strafgedicht, wird nicht ein literarisches Vorbild verhöhnt, zweckentfremdet oder ins Leere laufen gelassen, sondern ein Gegenstand der Kritik unterzogen – und natürlich kann auch das sehr komisch sein. Wenn Heine fragt, ob es sich wohl um »Christenleute oder Mäuse« handele, die da in einem »Pißpott« den Rhein hinab kommen, dann ist das für die bürgerlich-christliche Identität der Deutschen ein böser Ausweis. Es ist überhaupt gern der Bürger mit seiner biederen Kultur, der von den sich überlegen fühlenden Künstlern satirisiert wird. Der Expressionist Mynona (das ist die Verkehrung von ›anonym‹), also von berufswegen schon Bürgerfeind, führt eigentlich recht brutal, durch die Mittel grotesker Übertreibung und Lakonik jedoch das Komische intendierend, die Exerzieranstalt Schule vor. Man weiß aber nicht so recht, ob es ihm wirklich um Kritik geht, oder ob das Sonett nicht doch eher um des surrealen Einfalls und der teilweise haarigen Reime wegen geschrieben wurde. Bürgerlichen Träumen vom Einheiraten in den Adel verpaßt Rudolf Alexander Schröder – trotz der zur Schau getragenen ›Rührung‹ der adligen Dame – eine ätzende Abfuhr, wobei das ganze Gedichtchen eine merkwürdig groteske Atmosphäre erhält; man betrachte nur genauer die köstlichen kleinen Präsente des Herrn Zibenack an das edle Fräulein Siebenzack oder das unschöne Ende! Drastischer noch verfährt Gerhard Rühm, der übellaunig *ein für alle Mal* die Johann-Straußsche Walzerseligkeit wegwischt. Kein Leser wird danach die »schöne blaue Donau« je noch so hören wie zuvor. Verwendet Rühm in Herabsetzungsabsicht die immer beliebte Fäkalsphäre, so dreht Enzensberger den Spieß um und verteidigt *Die Scheiße* gegenüber allen, besonders den politischen, Bezugsgrößen, und damit überbietet er freilich den bekannten lapidaren Mißfallenskommentar deutlich (allerdings bedient sich Ernst Jandl eben dieses Kommentars auf furiose Weise – davon gleich). Mit seiner kommoden Weltsicht und Klassenkampf-Rhetorik ist das Gedicht ein typisches Kind seiner Zeit – und übrigens nur ganz knapp einer Besprechung unter unseren Vertretern unfreiwilliger Komik entgangen.

Geschwister der Komik sind der Humor und die Ironie, und diese Familienähnlichkeit macht sie zuweilen schwer unterscheidbar. Eingebildete Talente, überzuckerte Gefühle: das ist so recht das Einsatzgebiet der Ironie, des großen Antipathetikers. Heine verdirbt dem Fräulein und uns allen (denn wer wäre da nicht ein bißchen anfällig?) den schönen Sonnenuntergang mit einer so lapidaren Feststellung, dass der Emotionswert des Erlebnisses sogleich auf null sinkt, während Wilhelm Busch in der Einleitung zu seiner Bildergeschichte vom verhinderten Dichter *Balduin Bählamm* zunächst typisch humoristisch beginnt, nämlich einen pessimistischen Horizont ausbreitet (»Im Durchschnitt ist man kummervoll / Und weiß nicht, was man machen soll«), um dann ironisch dort zu werden, wo der Dichter als Dilettant erscheint, der fürs »Morgenblättchen« schreibt. Daß auch noch in der Moderne nach 1945 der viel schärfer gewordene Pessimismus einen humoristischen Oberton erhalten kann, beweist Ernst Jandl hier mit zwei Gedichten. In *fünfter sein* erfahren wir in äußerster Reduzierung ›auf das Wesentliche‹ das angstvolle Warten beim Arzt. Was daran komisch ist? Die Reduzierung, der Rhythmus, die Wiederholung – und die Wiedererkennung: so geht's uns eben in dieser üblen Lage, Nebenmann um Nebenfrau zählen wir uns dem Doktor entgegen. In *von zeiten* summieren sich »scheißen tage« zu einer katastrophalen Lebensbilanz und führen schließlich zu einer unvergleichlichen Pointe. Beide Gedichte sind Sprachexperimente, Verfremdungen, die man eigentlich von Jandl gesprochen hören müßte (wie so manches andere der hier versammelten Gedichte seine volle Wirkung erst beim lauten Vorlesen erzielen wird).

Damit wären wir bei einer Gruppe von Gedichten, in der die Wirkung durch die Sprache selbst – und ihr wird wunderlich mitgespielt – erzeugt wird. Johann Klajs Verse über Krückstock, Frosch und Kuckuck verzichten sehr weitgehend auf einen Sinn und zielen statt dessen auf eine ungewöhnliche Lautwirkung ab, die die barocke Freude am Artifiziellen selbst thematisiert. Das »Reimgeflikke«, d.h. die Literatur, ist mehr und anderes als die kuriosesten Naturgeräusche. Fast dreihundert Jahre nach Klaj versuchte sich der Dadaist Hugo Ball an Lautgedichten, die er, kubistisch kostümiert, im legendären »Cabaret Voltaire« in Zürichs Spiegelgasse als Hoher Priester der Gegenkultur vortrug. Stärker noch als Klaj zieht sich hier der rudimentäre Sinn in die Lautwirkung zurück, die durch den Titel – *Seepferdchen und Flugfische* – gelenkt ist: »tressli bessli nebogen leila /

flusch kata / ballubasch / zack hitti zopp«. Semantische Reste aber auch hier noch: gebogene (Form) oder Regenbogen, lila, flutschen, herauskatapultieren, (Hugo) Ball, platsch, gezackt – dies und mehr und anderes ließe sich scherzhaft assoziieren, wenn man an die im Titel genannten gegensätzlichen Meeresbewohner denkt. Ähnlich verfremdend-assoziativ, jedoch längst nicht so extrem, verfährt Erich Fried in seinem *Leilied bei Ungewinster*, in dem wir eigentlich ganz gut verstehen, um was es geht, selbst wenn wir vor den bedeutungstragenden Wörtern des Gedichts ziemlich dumm dastehen. Wir müssen sie ›reparieren‹, um an den Sinn zu kommen, doch haben wir andererseits viel mehr Spaß an »mein Holp und mein Hülp« als an …

Ein wunderbares Beispiel von Sprachkomik ist *Schwerer Alpdruck* von Arno Holz, in dem durch eine schier überbordende Virtuosität und Sprachlust, in der Anwendung von Reim, Binnenreim, Alliteration, Assonanz, Onomatopöie und anderem eine Melodie, ein Rhythmus, ein ›Swing‹ erzeugt wird, der zum lauten Vorlesen verführt. Und für was der ganze Aufwand? Für den Traum eines Schnarchers, dem in seiner possierlich-regressiven, letztlich jedoch morbiden Bilderwelt wunderlich zumute wird, so daß er, sich vor dem Höchsten wähnend, doch fragen muß: »und das will nu der liebe …«

Weniger spektakulär, aber nicht minder komisch sind andere, ebenfalls die Sprache zum Mittelpunkt nehmende Gedichte: das politisch nicht korrekte, aber umwerfende Stotterer-Gedicht von Kurt Schwitters oder die Konjunktiv-Lawine bei Beat Zwicky, die wohl durch Goethes Sprachgebrauch ins Rollen gebracht wurde. H.C. Artmann, der sogenannten Wiener Schule zugehörend wie Gerhard Rühm, gibt uns ein schönes Beispiel der Dialektdichtung. Nicht nur sind es die überaus putzig ausstaffierten »schnupfmbazzün«, die uns amüsieren, sondern erst der lautlich nachgeahmte (und gesteigerte!) Wiener Dialekt verleiht dem Gedicht die Atmosphäre, in der wir es als wirklich *wos bsundas* zu schätzen wissen. Ein Sprachspiel ganz anderer Art begegnet in Ror Wolfs Sonett, das nur aus den Phrasen eines frustrierten Fußballfans besteht. Auch hier ist es nicht zuletzt der Wiedererkennungseffekt, der die Komik ausmacht. Übrigens, das Gedicht ist 1973 entstanden, die deutsche Elf ist Europameister und auf dem Weg zum Weltmeister!

Ein Hauptdarsteller komischer Lyrik ist natürlich der Reim. Daß der Limerick eigentlich nur um seinetwillen existiert, von ihm aus die blödsinnigsten Kurzgeschichten entwickelt, liegt auf der Hand – in unserer Anthologie ein besonders ›schreiendes‹ Beispiel. Die abenteuerlichen Stürze und Rutsche, die Herr Waldmann aushalten muß, enden nicht eher, als bis Ror Wolf alle Abgründe und jeden Stolperstein des Wörterbuchs mit einem Reim bedacht hat. Schon die anonyme und in der Tat *Fürchterliche Ballade* aus dem 19. Jahrhundert hat ihren einzigen Zweck darin, Vokale zu verschieben, um doch noch den Reim zu erzwingen. Das mag ein wenig albern sein, hat aber doch, zumal laut gelesen, eine sehr komische Wirkung.

Die Lyrik der Jahrhundertwende und insbesondere die hellere Seite des Expressionismus führen in die Komik ein Element ein, dessen sich auch die anderen Künste, zumal Film und Malerei, bedienen: den Surrealismus. Es entstehen fabelhafte Situationen wie die schon erwähnte bei Mynona oder wie die im Haus von Morgensterns Professor Stein, wo uns nicht nur das höflich und scheinbar vernünftig parlierende Pferd amüsiert, sondern vor allem wohl die Unerschütterlichkeit des Professors, der's auch nicht erklären kann, dies aber mit passenden Worten. *Nach Norden* heißt ein weiteres Gedicht dieses wunderbaren Komikers, in dem die surreale Situation am Schluß aus dem entsteht, was Sigmund Freud »Traumarbeit« genannt hat. Nicht gerade komisch mutet uns der Titel *Die Hinrichtung* an. Aber in dem Gedicht des Trios Eisenlohr, Hahn und Rubiner geht es ja um eine verhinderte Hinrichtung, und die Befreiung des Verurteilten ist alles andere als unaufwendig und scheint der Phantasie Jules Vernes zu entstammen. Schon in diesem Gedicht tritt zutage, daß die Komik sich gern auch an sogenannte Tabus wagt. Hinrichtung also – oder Menschenfresser wie bei Ringelnatz. Eigentlich ist das Thema ja ganz grauslig: »Die kleinen Kinder mit Zutaten / Kochen, rösten, schmoren und braten.« Diese besondere Silvesterfeier erscheint uns aber dennoch komisch – wieso eigentlich? Es ist einmal die Form, also die Ästhetisierung, die den Gegenstand distanziert, und zum anderen und damit zusammenhängend ist es die bewußt gemütvolle Darstellung, mit der unsere Klischees abgerufen werden. Komik entsteht also auch, wo etwas ganz Fremdes wie unser Eigenstes, Biederstes behandelt wird.

Das Wasser von Morgenstern (der hier als einziger mit drei Gedichten vertreten ist, Gernhardt folgt mit zweieinhalb) ist ein Vorläufer der Komik, wie sie seit mehr als drei Jahrzehnten mit großem Erfolg Robert Gernhardt, Eckhard Henscheid, F. W. Bernstein und F. K. Wächter präsentieren, die sich anfangs im Kollektiv parodistisch Neue Frankfurter Schule nannten. Wie in *Das Wasser* wird auch bei ihnen gern die Nachahmung des Inhalts in der Form (hier bei Morgenstern die Repetierung als Rhythmus strömenden Wassers) über das in der Lyrik gewohnte Maß hinausgetrieben, und auf dem Thron des Erhabenen sitzt hier wie dort plötzlich das Banale, Einfache, Unpathetische. Nur am Rande sei vermerkt, daß es auch die menschenfreundlichste Literatur ist, eine Literatur, die uns das ›Du‹ anbietet. Die Frankfurter sind diesen von Heine, Morgenstern und anderen vorgegebenen Weg weitergegangen, nachlesbar etwa in Gernhardts *Die allzufröhlichen Mönche*, ein (auch) poetologisches Gedicht, in dem die Kraft des Lachens die metaphysischen Balken knarren läßt. Das Lachen ist hier chaotisch, anarchisch. Bernsteins und Gernhardts Gemeinschaftsarbeit *Scherge und Mörder* steht dem angelsächsischen Nonsense nahe, auch wenn dies jene nicht so gern hören. Aber für diese Geschichte eines Serienkillers, der einige ziemlich prominente Deutsche erledigt hat, gibt es kein schöneres Wort als Non-Sense. Erfreulich, daß dieser Richtung offenbar Talente nachwachsen (nein, wir meinen *nicht* die TV-Comedians). Wenn es stimmt, daß Komik dort entsteht, wo Erwartungshorizonte enttäuscht werden, dann hat nicht nur Arno Holz, sondern auch Jan Kaiser (Jahrgang 1976) mit seiner *Verwirrung* ein sehr komisches Gedicht geschrieben. Freilich gibt es einen, der nicht mit sich spaßen, der sich nicht wegschwatzen läßt. In Robert Gernhardts *Ach* hat der Meister (wie ihn H.C. Artmann gern nannte) ganz buchstäblich das letzte Wort – und wenn wir trotzdem am Ende ein bißchen lachen, dann weil wir uns von der Form allzu gern über den Inhalt täuschen lassen wollen. Ein sehr knapper Sieg der Komik.

Kann Dummheit komisch sein? Und wie! Stan & Ollie haben's hundertfach bewiesen, und ein wenig von der Dummheit dieses großen Duos hat auch der Berliner Spruch an sich. Ein bißchen surreal (denn warum geht die Tür eigentlich von allein auf?), spielt er auch mit unserer Scheinsicherheit im Ich. Die Pointe am Schluß funktioniert hier gut, wird aber bei Lyrikern des Komischen nicht so oft verwendet, wie man glauben würde, da sie keine Witzeerzähler sein wollen.

Wer meint, Kinder seien in erster Linie Nervensägen, mag hier daran erinnert werden, welch großartigen Sinn für Komik und Spaß sie haben. Kein Wunder, daß sich Dichter immer wieder bemühen, diesem Appetit auf Lustiges Nahrung zu verschaffen. Zwei schöne Beispiele von James Krüss und Peter Hacks wurden aufgenommen. Während Krüss die Reimlust und kindliche Kombinatorik bedient (der Text kann von jedem Kind weitergedichtet werden), erzählt Peter Hacks eher traditionell eine Geschichte. Eine Antikriegstendenz wie in *Ladislaus und Komkarlinchen* könnte für ein richtig komisches Kindergedicht vielleicht ruinös sein, aber Peter Hacks wäre nicht der, der er ist, wenn ihm nicht trotzdem und gerade deshalb ein kleines Kabinettstückchen gelänge.

Es ist ja kein Geheimnis, daß der Alkohol die seriöse Denkfähigkeit doch eher mindert als fördert. Gefördert durch die Trunkenheit aber wird das Komische, denn die Lachschwelle kann in diesem gesegneten Zustand fast unbegrenzt weit nach unten gelegt werden (man denke nur an die Weinabfüllszene in Laurel & Hardys »Fra Diavolo«). Gerhard Rühms ›lyrisches Ich‹ ist auch schon ziemlich weit unten, da geht nix mehr, nur noch »dar wein« und »dar schdeffe ewendduö«. Fritz Eckenga schließlich variiert seine Kochkünste zu einem veritablen ›Dinner for one‹. Ein passender Abschluß, denn schließlich stammt die Komik vom griechischen *kōmos* her, und darunter verstanden die Alten einen Umzug fröhlicher Zecher unter Musikbegleitung.

Was also ist Komik? Lesen Sie die Gedichte – und die Antwort wird sich auch ohne Theorie auf Ihrem Gesicht abzeichnen.

Verzeichnis der Gedichtüberschriften und -anfänge